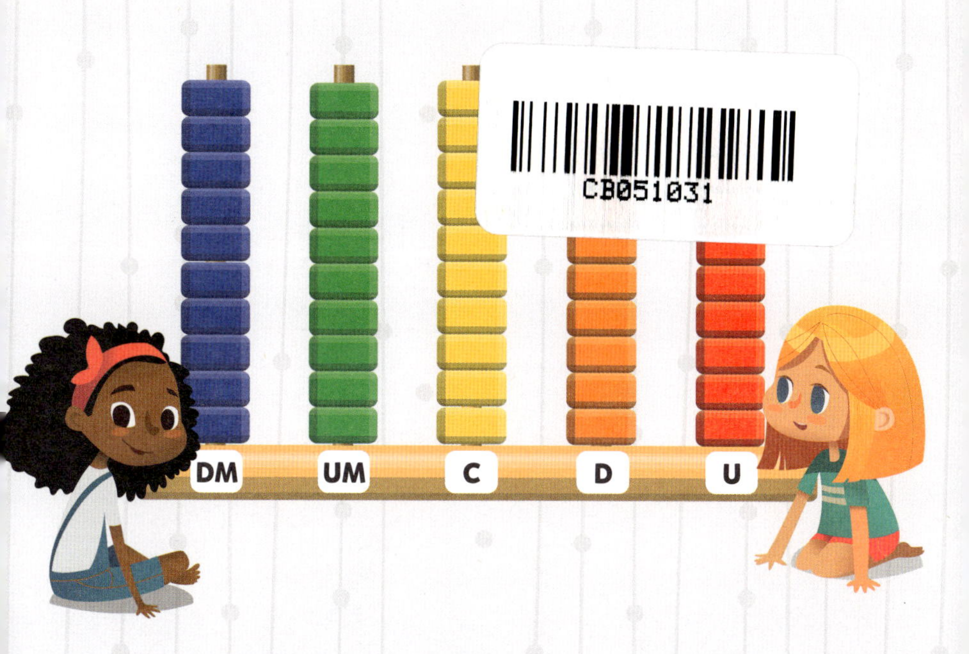

DM-Dezena de Milhar – Cada peça equivale a 10.000 unidades

UM-Unidade de Milhar – Cada peça equivale a 1.000 unidades

C-Centena – Cada peça equivale a 100 unidades

D-Dezena – Cada peça equivale a 10 unidades

U-Unidade – Cada peça equivale a 1 unidade

CONHECENDO O ÁBACO

No ábaco, os pinos indicam a posição do Sistema de Numeração Decimal – a base 10.

Da direita para a esquerda, temos: unidade, dezena, centena, unidade de milhar e dezena de milhar.

Veja a representação dos números no ábaco:

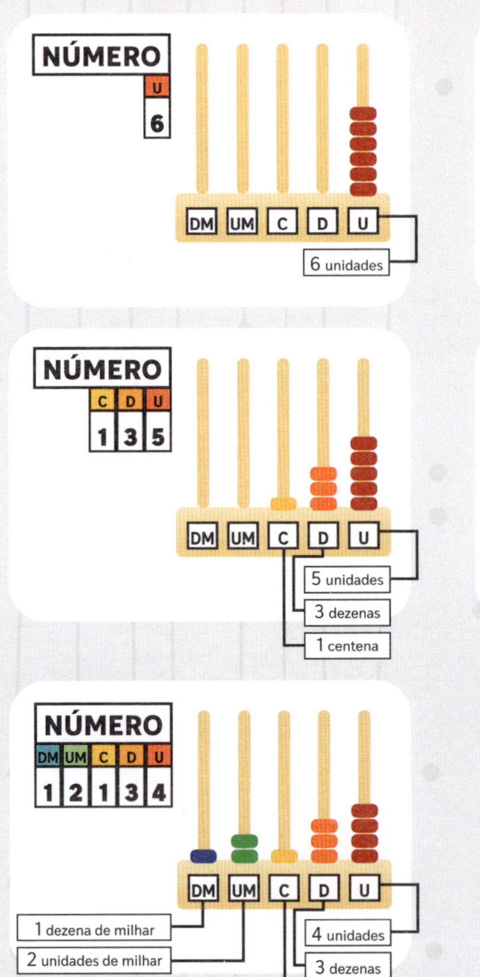

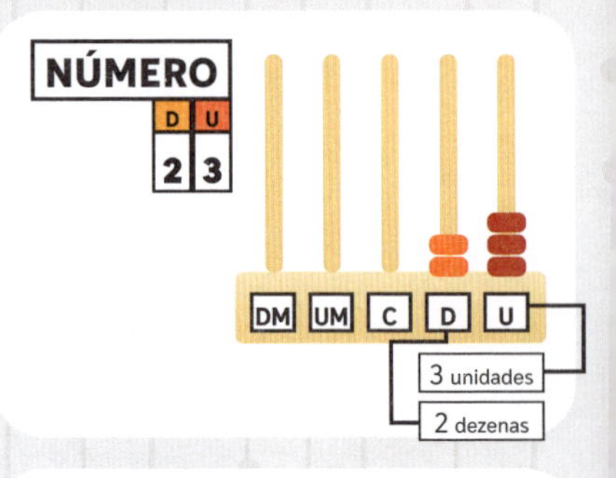

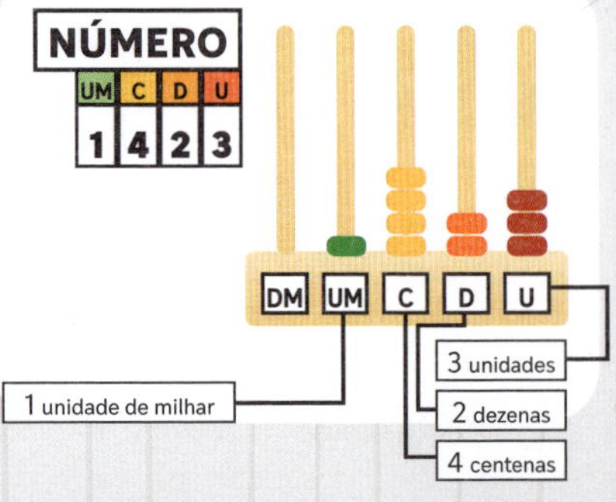

SOMAR UNIDADES

Primeiramente, faça as somas utilizando o seu ábaco e descubra o resultado.
Depois, faça a representação como o exemplo da criança abaixo:

QUANTAS DEZENAS E UNIDADES

Escreva o número representado em cada ábaco.

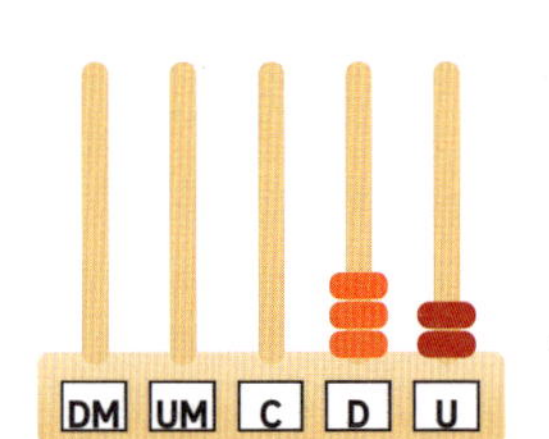

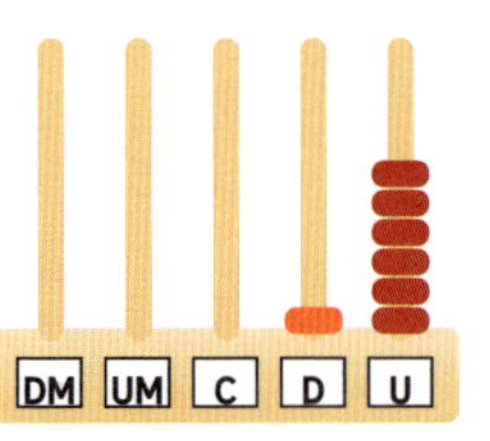

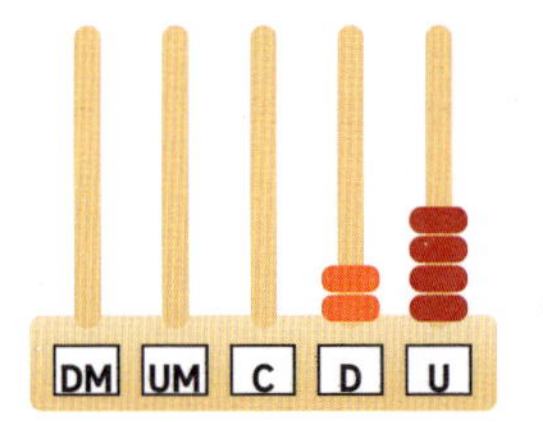

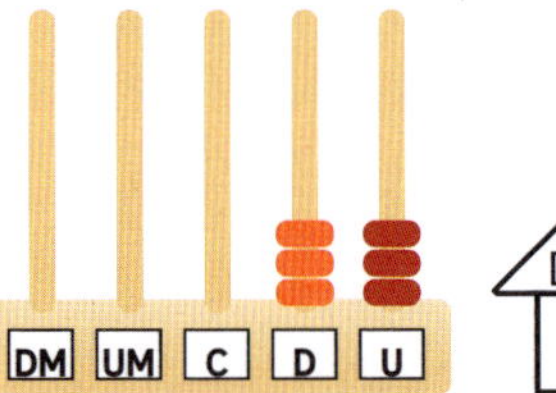

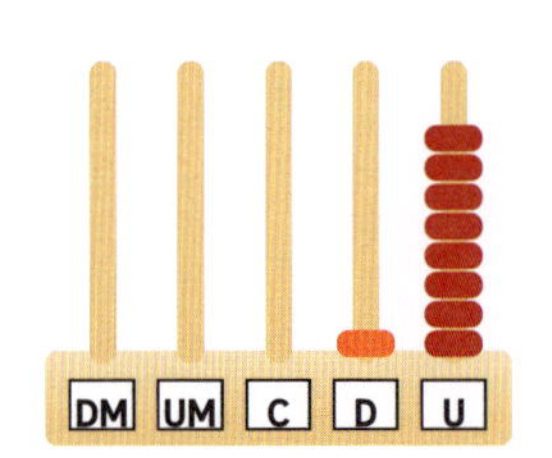

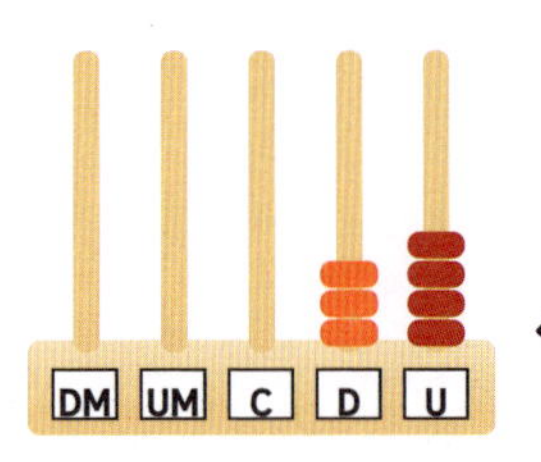

VAMOS PRATICAR

– Pegue o seu ábaco e represente os seguintes números (um número de cada vez):

D U
1 0

D U
3 7

Agora responda:

– Qual número representa **4 dezenas** e **2 unidades**?

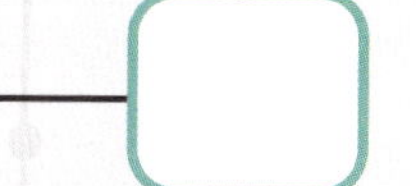

– Qual o **maior** número representado?

– Qual o **menor** número representado?

– Qual número representa **3 dezenas** e **7 unidades**?

VAMOS SUBTRAIR

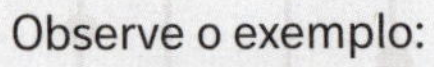

Observe o exemplo:

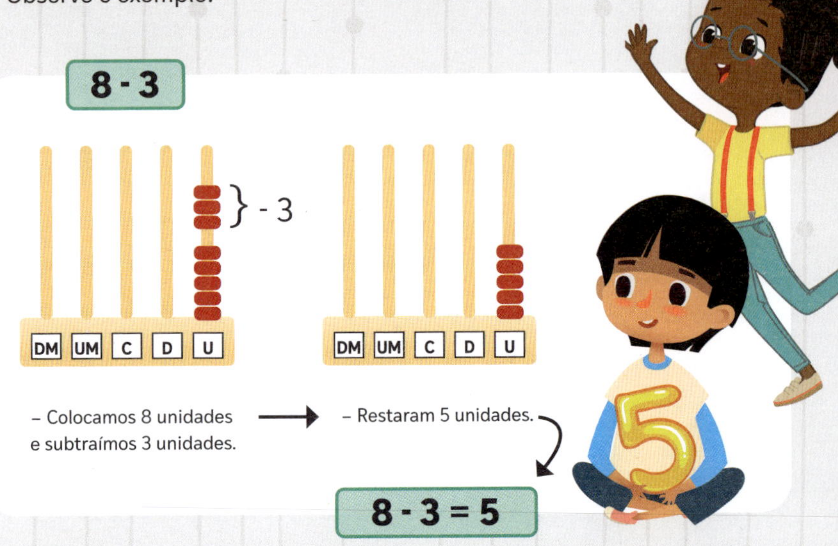

Agora faça as subtrações no seu ábaco e depois registre abaixo o resultado. Veja:

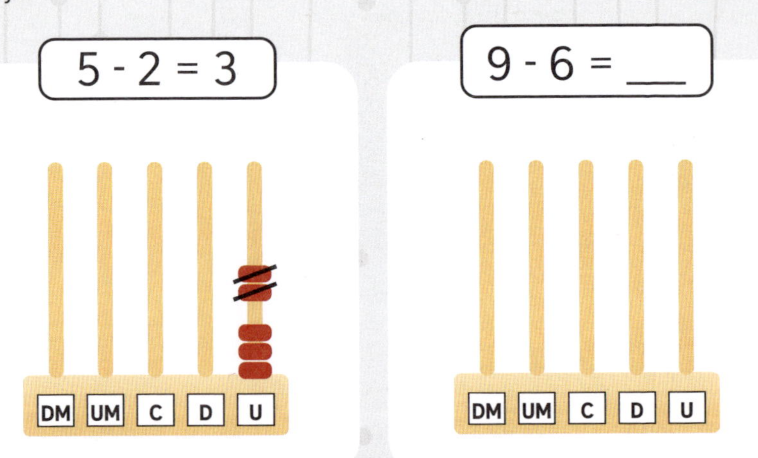

CENTENA NO ÁBACO

Veja como representar a centena.

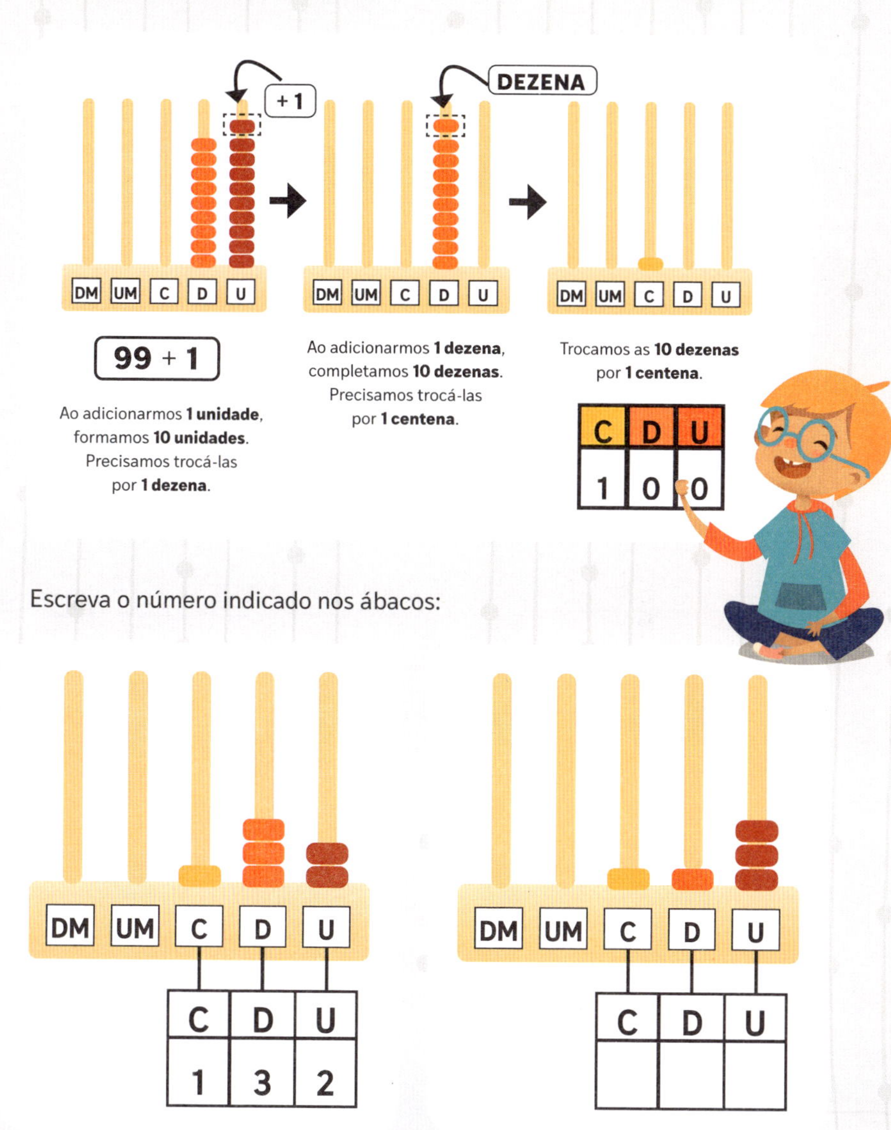

Ao adicionarmos **1 unidade**, formamos **10 unidades**. Precisamos trocá-las por **1 dezena**.

Ao adicionarmos **1 dezena**, completamos **10 dezenas**. Precisamos trocá-las por **1 centena**.

Trocamos as **10 dezenas** por **1 centena**.

Escreva o número indicado nos ábacos:

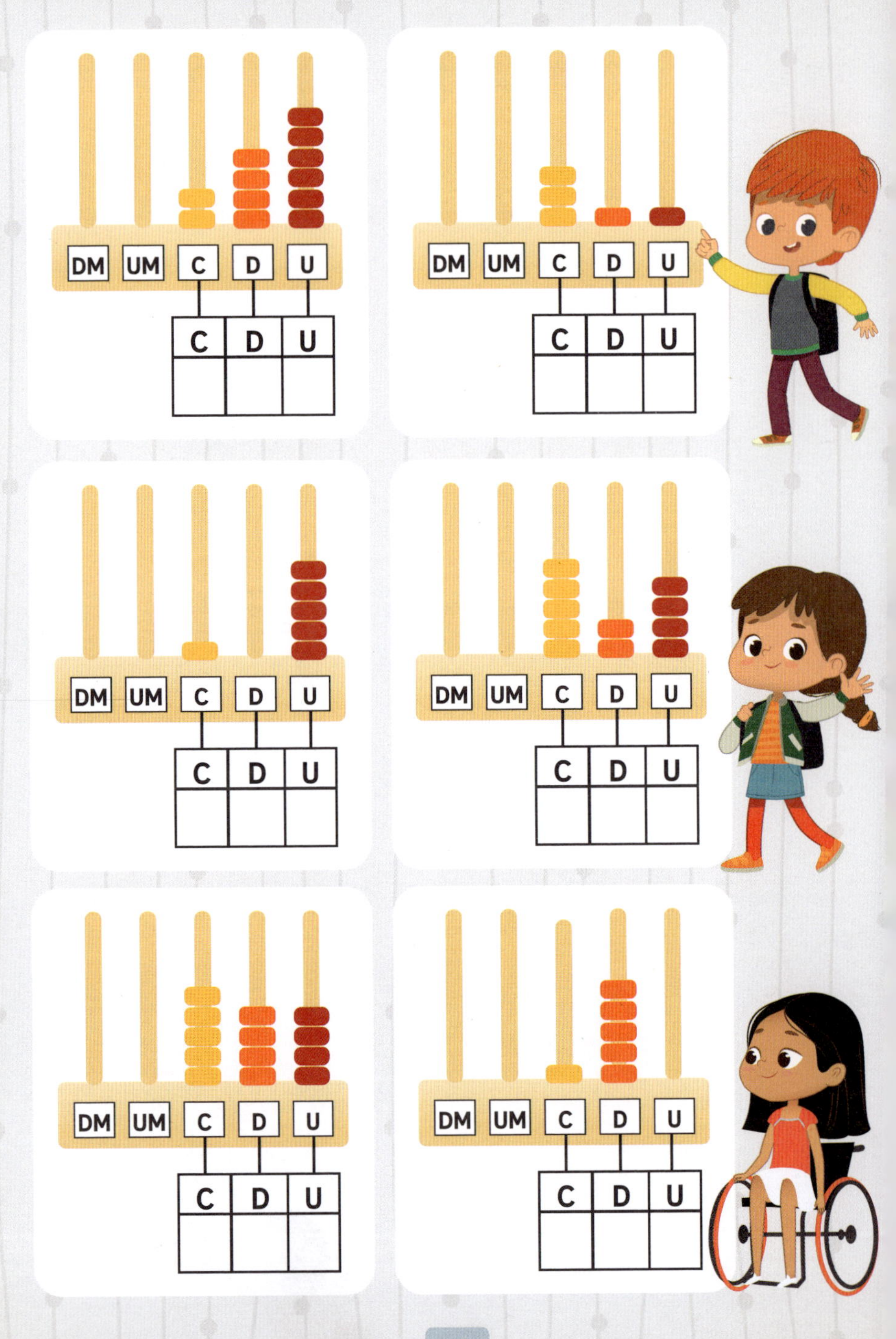
DM
UM
C
D
U
C
D
U
DM
UM
C
D
U
C
D
U
DM
UM
C
D
U
C
D
U
DM
UM
C
D
U
C
D
U
DM
UM
C
D
U
C
D
U
DM
UM
C
D
U
C
D
U